MENSAJES PARA CREYENTES NUEVOS

23

WATCHMAN NEE

EL SACERDOCIO

Living Stream Ministry
Anaheim, California

Primera edición: febrero de 1998.

ISBN 0-7363-0125-9

Traducido del inglés
Título original: *The Priesthood*
(Spanish Translation)

Publicado por

Living Stream Ministry
1853 W. Ball Road, Anaheim, CA 92804 U.S.A.
P. O. Box 2121, Anaheim, CA 92814 U.S.A.

Impreso en los Estados Unidos de América

98 99 00 01 02 03 / 9 8 7 6 5 4 3 2 1

EL SACERDOCIO

La Biblia habla del sacerdocio. Este ministerio está constituido por un grupo de personas que se separan totalmente del mundo para servir a Dios y no tienen otra ocupación o deber. En la Biblia a estas personas se les llama sacerdotes.

I. LA HISTORIA DEL SACERDOCIO EN LA BIBLIA

Comenzando con el libro de Génesis, encontramos que Dios llama a algunos hombres para que sean sacerdotes. Melquisedec fue el primer sacerdote de Dios. En los días de Abraham, Melquisedec se apartó y se dedicó exclusivamente a servir a Dios.

A. Desde Génesis hasta después de la ascensión del Señor

El sacerdocio estuvo presente desde Génesis hasta después de la formación de Israel como nación. Ha perdurado en la tierra mucho tiempo, pues ni siquiera cesó cuando el Señor Jesús estuvo en la tierra, ni tampoco después de Su partida. La Biblia nos muestra que después de que el Señor Jesús ascendió a los cielos llegó a ser sacerdote ante Dios. El está allí ahora totalmente consagrado al servicio de Dios.

B. En la dispensación de la iglesia

El sacerdocio continúa a lo largo de la dispensación de la iglesia; no ha habido ninguna interrupción.

C. En el reino milenario

En el reino milenario, aquellos que participen de la primera resurrección serán sacerdotes de Dios y Cristo y reinarán con El mil años (Ap. 20:6). O sea que los hijos de

Dios seguirán siendo los sacerdotes de Dios y de Cristo por mil años. Serán reyes para el mundo y sacerdotes para Dios. Este sacerdocio permanecerá inalterable, y por ende, ellos seguirán sirviendo a Dios.

D. En el cielo nuevo y la tierra nueva

En el cielo nuevo y la tierra nueva no se menciona la expresión *sacerdote.* En ese tiempo, todos los hijos de Dios, Sus siervos, no harán otra cosa que servirle. En la Nueva Jerusalén "Sus esclavos le servirán" (22:3). En otras palabras, los hijos de Dios seguirán sirviéndole a El.

Debemos hacer notar aquí algo maravilloso. El sacerdocio comenzó con Melquisedec; el cual no tenía padre, ni madre, ni genealogía; sin principio de días, ni fin de vida (He. 7:3), y se extiende hasta el final del milenio, lo cual significa que perdura por la eternidad.

II. EL REINO DE SACERDOTES VIENE A SER CASA SACERDOTAL

Según lo revelan las Escrituras, el propósito de Dios no es solamente tener una o dos personas como sacerdotes. Su propósito es que todos los miembros de Su pueblo sean sacerdotes.

A. Dios escoge a los israelitas para que sean un reino de sacerdotes

Después que los israelitas salieron de Egipto, llegaron al monte Sinaí, y Dios ordenó a Moisés que les hablara, diciendo: "Y vosotros me seréis un reino de sacerdotes, y gente santa" (Ex. 19:6). Dios dijo a los israelitas que ellos serían un reino de sacerdotes. Esta expresión es hasta cierto punto difícil de entender. ¿Por qué dijo Dios que ellos serían un reino de sacerdotes? Esto muestra Su deseo de que toda la nación fuera un sacerdocio. Nadie en la nación de Israel sería una persona ordinaria; todo el pueblo sería un reino de sacerdotes. Este era el propósito de Dios.

Cuando Dios escogió a Israel para que fuera Su pueblo, El les fijó metas; tenían que ser diferentes a todas las demás naciones de la tierra. Eran un reino de sacerdotes. Todos los ciudadanos de esta nación serían sacerdotes. Esto significa que cada individuo en esta nación tendría una ocupación única: servir a Dios. Dios se deleita en separar a los hombres para Su servicio, y en ver que los hombres vivan dedicados por completo a los asuntos de El. Dios desea que todos Sus hijos sean sacerdotes y le sirvan.

Dios les dijo a los israelitas, cuando llegaron al monte Sinaí, que El haría de ellos un reino de sacerdotes. Este es un llamado maravilloso. Llamamos a Inglaterra "el reino de la naval", a los Estados Unidos "el reino del oro", a la China, "el reino de los buenos modales y las virtudes", y a la India "el reino de filósofos". Pero estamos hablando de un "reino de sacerdotes". Esta es una cosa maravillosa. Todos los ciudadanos de esta nación, hombres, mujeres, adultos y niños, son sacerdotes y sirven solamente a Dios. Tanto los adultos como los niños están ocupados en ofrecer sacrificios y servir a Dios. Este es un cuadro maravilloso.

Después de que Dios prometió establecer a Israel como un reino de sacerdotes, le dijo a Moisés que subiera al monte, donde le daría los diez mandamientos. Estos fueron escritos por Dios en dos tablas de piedra cuando Moisés estuvo en el monte por cuarenta días. El primer mandamiento es: "No tendrás dioses ajenos delante de mí". El segundo dice: "No te harás imagen" (20:3-4). Era como si Dios hubiese dictado aquellos mandamientos uno por uno.

B. Los israelitas sirven a los ídolos

Mientras Moisés estaba en el monte, el pueblo, que acampaba al pie del monte, se extrañaba por su tardanza. Así que ellos dijeron a Aarón: "Levántate, haznos dioses que vayan delante de nosotros" (32:1). Aarón consintió a esto, recogió oro e hizo con él un becerro. El pueblo entonces adoró el becerro de oro y dijo: "Israel, estos son tus dioses, que te sacaron de la tierra de Egipto" (32:4).

Ellos empezaron a adorar el ídolo. Se sentaron a comer y a beber y se levantaron a divertirse. Se entregaron a una gran celebración. Por fin habían encontrado un dios que podían ver. El Dios del que Moisés hablaba era misterioso; no se podía determinar donde moraba, o dónde podía ser hallado. Aun

Moisés, quien adoraba a este Dios, había desaparecido. Ahora tenían un becerro de oro que era visible y al que podían adorar. Dios los había constituido sacerdotes, pero antes de ejercer dicho sacerdocio, se hicieron sacerdotes del becerro de oro. Dios deseaba que ellos fueran un reino de sacerdotes. Pero antes de llegar a esto, se entregaron a la adoración de un ídolo y le servían. Establecieron otros dioses y otras formas de adoración aparte de Jehová, el Dios de ellos.

Este es el concepto que el hombre tiene acerca de Dios. El hombre trata de crear su propio dios y adorarlo según le parece. Al hombre le gusta adorar a un dios creado por sus propias manos. No acepta la soberanía de Dios en Su creación. No está dispuesto a reconocer a Dios como el Creador.

C. Dios asigna el sacerdocio a la tribu de Leví

En el monte, Dios le dijo a Moisés que descendiera, y éste bajó trayendo consigo las dos tablas del testimonio, los diez mandamientos. Cuando se hubo acercado al campamento y vio la condición del pueblo, su ira se encendió y arrojó las dos tablas. Se puso a la puerta del campamento, y dijo: "¿Quién está por Jehová? Júntese conmigo" (32:26). Y se juntaron con él todos los hijos de Leví. Y les dijo: "Poned cada uno su espada sobre su muslo; pasad y volved de puerta a puerta por el campamento, y matad cada uno a su hermano, y a su amigo, y a su pariente" (v. 27). Ellos tenían que matar a quien vieran. Debido a que el pueblo había adorado al ídolo, el becerro de oro, los fieles tenían que sacar sus espadas y matar a todos los idólatras, sin importar la relación que tuvieran con ellos.

Mucha gente piensa que esta orden fue demasiado cruel. ¿Quién puede matar a su propio hermano? ¿Quién se atrevería a matar a sus amigos? Once de las doce tribus permanecieron impávidas, pues consideraron el costo demasiado elevado. Solamente los de la tribu de Leví sacaron sus espadas, salieron y, entrando de puerta en puerta por todo el campamento, mataron en aquel día como tres mil hombres, que eran hermanos, amigos y parientes de los levitas.

Detengámonos aquí un momento. Después del incidente del becerro de oro, Dios inmediatamente le dijo a Moisés que desde ese momento la nación de Israel no podía ser un reino de sacerdotes. Aunque nada se dijo explícitamente al respecto, Dios había asignado el sacerdocio ahora solamente a la tribu de Leví. Originalmente el sacerdocio era para toda la nación de Israel; ahora estaba limitado a la casa de Aarón, de la tribu de Leví.

D. El pueblo de Dios y los sacerdotes de Dios llegan a ser dos grupos distintos

Desde entonces, siempre ha habido dos clases de personas en la nación de Israel: el pueblo de Dios en general y los sacerdotes de Dios. La intención original de Dios era que todos los que constituían Su pueblo fueran sus sacerdotes. El pueblo de Dios y los sacerdotes de Dios debían ser uno. Todos los miembros del pueblo de Dios debieron haber sido sacerdotes. Todo aquel que pertenecía al pueblo de Dios, debía ser sacerdote de Dios. Ser parte del pueblo de Dios equivalía a ser Sus sacerdotes. Sin embargo, muchos amaron el mundo y sucumbieron ante los afectos humanos, y se entregaron a la adoración del ídolo. Como resultado, surgió la diferencia entre el pueblo de Dios y Sus sacerdotes. Por tanto, si un hombre no ama al Señor más que a su padre, madre, esposa, hijos, hermano, hermana y más que todo lo que tiene, no es apto para ser discípulo del Señor. Muchos no reúnen los requisitos, o no pueden pagar este precio. Desde ese día, la nación de Israel se dividió en dos grupos: el pueblo y los sacerdotes.

E. El sacerdocio se convirtió en el privilegio de una sola familia

Desde ese día, el reino de sacerdotes vino a ser la tribu de sacerdotes. La extensión del sacerdocio se redujo, de un reino de sacerdotes a una casa de sacerdotes. El sacerdocio se limitó a una familia en lugar de una nación. El pueblo de Dios y los sacerdotes de Dios eran una sola cosa en la tribu de Leví; es decir, Su pueblo era Su sacerdocio. Las otras once tribus eran solamente el pueblo de Dios; ya no eran los sacerdotes de Dios. Esto fue un problema muy serio. Es un asunto delicado que una persona sea creyente, parte del pueblo de Dios, sin ser sacerdote.

III. EL SACERDOCIO SE CARACTERIZA POR SER UNA CLASE MEDIADORA

Desde Exodo hasta los días del Señor Jesús, ninguna tribu pudo ejercer el oficio de sacerdote salvo la tribu de Leví. Ningún miembro del pueblo podía ofrecer sacrificios a Dios. Los sacrificios tuvieron que ser hechos por medio de los sacerdotes. Ni siquiera podían acercarse a Dios para confesar sus pecados; los tenían que confesar por medio de los sacerdotes. No se podían separar del mundo solos, pues no tenían la autoridad de tocar el aceite de la unción. Solamente los sacerdotes podían ungir y santificar a una persona. Los sacerdotes ejercían todos los servicios espirituales por ellos.

Para los israelitas en el Antiguo Testamento, Dios estaba muy lejos de ellos. Nadie podía tener contacto con El. En el Antiguo Testamento vemos el desarrollo del sacerdocio, o la formación de una clase mediadora. El hombre no podía acudir a Dios directamente. El pueblo de Dios tenía que valerse de los sacerdotes para acercarse a Dios y para tener comunión con El. Dios se acercaba al hombre mediante los sacerdotes, y el hombre, a su vez, sólo acudía a Dios por mediación de ellos. Entre Dios y el hombre había una clase mediadora. El hombre no podía ir directamente a Dios, y Dios tampoco podía venir directamente al hombre.

Esta clase no se hallaba en el plan original de Dios. La intención inicial de Dios era acercarse a Su pueblo directamente, y que Su pueblo también acudiera a El directamente. Pero ahora había tres partidos. El pueblo tenía que acudir a Dios por intermedio de los sacerdotes, y Dios tenía que acercarse a Su pueblo por el mismo medio. Dios y el hombre ya no podían tener comunión directamente; todo era indirecto.

IV. EL CAMBIO EN EL SACERDOCIO

Por unos mil quinientos años, desde Moisés hasta Cristo, el pueblo de Dios no pudo acercarse a Dios directamente. Sólo una familia había sido escogida para que ejerciera el sacerdocio. El individuo tenía que pertenecer a esta casta para acudir a Dios; si se acercaba a Dios directamente, podía morir. Durante ese período, el ministerio de los sacerdotes se convirtió en un oficio poderoso. El hombre no podía ir a Dios directamente, pues necesitaba la intercesión de los sacerdotes. ¡Qué noble era el ministerio sacerdotal! No era posible que el hombre se acercara a Dios sin los sacerdotes. Pero cuando se inició la era del Nuevo Testamento, descubrimos que la salvación y la redención se extienden a todos los hombres. Ahora oímos: "Vosotros también, como piedras vivas, sois edificados como casa espiritual hasta ser un sacerdocio santo, para ofrecer sacrificios espirituales aceptables a Dios por medio de Jesucristo" (1 P. 2:5).

A. Todo hombre redimido es un sacerdote en la era del Nuevo Testamento

En 1 Pedro 2:4-7 Pedro nos dice que Cristo es el fundamento de la iglesia. El fue la piedra que los edificadores desecharon y que llegó a ser la piedra angular. Nosotros somos ahora piedras vivas y estamos unidos y edificados para conformar una casa espiritual. También somos un sacerdocio santo para Dios. Es como si una voz desde el cielo anunciase: "¡Todos los salvos son ahora sacerdotes de Dios! ¡Todas las piedras vivas, aquellos que son parte de la casa espiritual, ahora son sacerdotes de Dios!"

B. La iglesia recupera el sacerdocio universal

En ese entonces Dios restauró una promesa que había sido puesta a un lado durante mil quinientos años. Lo que los israelitas perdieron, lo recuperó la iglesia. Israel había perdido el sacerdocio universal. Pero en la era del Nuevo Testamento, es como si estallaran voces desde el cielo con la promesa de que el sacerdocio universal está de nuevo entre los hombres. Todos los salvos son llamados a ser sacerdotes.

C. La iglesia es un reino de sacerdotes

Hallamos esta misma idea en Apocalipsis 1:6, donde leemos: "E hizo un reino, sacerdotes para Su Dios y Padre". Originalmente toda la nación de Israel era un grupo de sacerdotes, pero esto cambió. ¿Qué diremos de la situación actual? Hoy la iglesia es un reino de sacerdotes. Lo que los israelitas perdieron ante el becerro de oro, la iglesia lo recibió mediante el Señor Jesús. Ahora la iglesia en su totalidad es un cuerpo de sacerdotes. El reino de sacerdotes que Dios había planeado fue restaurado totalmente.

D. El único oficio del cristiano es servir a Dios

Lo que Dios no obtuvo entre los israelitas, ahora lo puede obtener por medio de la iglesia. La iglesia hoy es el reino de sacerdotes; es un sacerdocio, lo cual significa que todo aquel que ha gustado la gracia de Dios, tiene una sola ocupación: servir a Dios. Les dije a los jóvenes: "La ocupación de un doctor antes de creer en el Señor es la medicina, la de una enfermera es la enfermería, la de un maestro es la enseñanza, la de un agricultor es la agricultura, la de un comerciante es su negocio. Pero tan pronto una persona es salva, su ocupación cambia. Todos los cristianos tienen como única ocupación servir a Dios. Desde el momento que somos salvos, nos convertimos en sacerdotes para Dios. Por tanto, tenemos que servir en la presencia de Dios. Esta es nuestra meta espiritual para el resto de nuestra vida.

El cristiano solamente tiene un solo oficio: servir a Dios. Un doctor cristiano ya no espera hacerse famoso; su trabajo como doctor es solamente útil para ganarse el sustento. Su verdadera ocupación es ser un sacerdote de Dios. Un profesor o maestro ya no puede esforzarse por ser un destacado académico, sino que debe esforzarse por ejercer bien su sacerdocio delante de Dios. Su enseñanza no pasa de ser su oficio; su verdadera ocupación es servir a Dios. Los artesanos, los comerciantes, los agricultores y los demás profesionales, ya no viven centrados en sus propias profesiones. Todos ellos tienen una sola profesión, la de servir a Dios.

E. La única ambición es complacer al Señor

Todos los hermanos y las hermanas deben hacer a un lado su antigua ocupación cuando son salvos. Espero que abandonemos toda ambición al principio de la vida cristiana. No debemos anhelar ser alguien. No debemos esforzarnos por sobresalir ni distinguirnos en nuestro oficio o profesión. Uno debe aprender de Pablo, cuya única ambición era agradar al Señor. No debemos tener otro anhelo. Todas las ocupaciones del mundo se deben hacer a un lado. Solamente debemos aspirar a servir al Señor en Su presencia.

V. LA GLORIA DEL SACERDOCIO

Durante los primeros años de mi vida cristiana siempre me parecía una difícil tarea exhortar a los creyentes nuevos a servir a Dios. Pensaba que tenía que esforzarme para convencerlos, rogarles y suplicarles que sirvieran a Dios. Pero Dios no ve las cosas como nosotros. Dios despojó del sacerdocio a los israelitas cuando éstos pecaron. A los ojos de El, el servicio es un gran privilegio y un alto honor. Si un hombre comete una falta o vuelve atrás, Dios le quita el sacerdocio. La intención de Dios no es persuadir al hombre ni rogarle que le sirva, ni procurarse la aprobación del hombre. Ser llamado por Dios al sacerdocio es un honor para el hombre, no para Dios.

A. Dios nos honra cuando nos llama al sacerdocio

Aquellos que ofrecieron fuego extraño en el Antiguo Testamento fueron consumidos por fuego. Algunos murieron cuando entraron al lugar santo; otros murieron cuando trataron de ofrecer sacrificios a Dios. Dios no permitiría que nadie, salvo los sacerdotes, se acercara a El. Ante El, el sacerdocio es una comisión solemne que El ha puesto en el hombre. El le otorga gloria y honor al hombre y lo eleva cuando lo llama al sacerdocio. Una persona podía morir si tomaba voluntariamente el sacerdocio según su propio deseo. Uza, quien extendió su mano para impedir que el arca se cayera, fue fulminado inmediatamente.

B. Los hombres necios piensan que el servicio es un favor que le hacen a Dios

Hay muchas personas que creen que le hacen un favor a Dios cuando le sirven. En décadas pasadas me sentía incómodo cuando los predicadores imploraban a los creyentes en las reuniones de avivamiento que sirvieran a Dios. Hay quienes dan una pequeña cantidad de dinero a Dios y piensan que le están ayudando. Muchos se dedican a servir a Dios y piensan que de esa manera lo honran. Otros piensan que rinden un gran honor a Dios cuando abandonan una insignificante posición en el mundo. En sus corazones es como si dijeran: "¡Yo, una persona tan importante, lo abandono todo para servir a Dios hoy!" Algunos abandonan su insignificante carrera y creen que con ello exaltan al Señor. Pero ¡esto es ceguera! ¡Esto no es más que insensatez y oscuridad!

C. El honor más grande que se nos concede es servir a Dios

Si el Dios de los cielos nos llama a ser Sus sacerdotes, debemos postrarnos ante El para recibir su llamado. Este es nuestro más grande honor. Dios nos ha elevado. No podemos decir que podemos darle algo a El. Decimos que el mayor honor consiste en que Dios acepte lo que le ofrecemos. ¡Qué inmenso honor poder servir a Dios! ¡Esto es gracia! ¡Esto tiene que ser el evangelio! Este evangelio no se detiene en la salvación de Jesús, sino que permite que personas como nosotros sirvamos a Dios. Esto es en verdad el evangelio, el gran evangelio.

VI. DEFENDER EL SACERDOCIO

A. La iglesia no existiría sin el sacerdocio universal

Hoy en la iglesia el sacerdocio ya no se restringe a unas pocas personas; se ha vuelto un sacerdocio universal. La nación de Israel fracasó; la iglesia no puede fracasar de nuevo. El fracaso de Israel radicaba en que el pueblo de Dios y los sacerdotes de Dios se separaron. ¡Que el Señor tenga misericordia de nosotros! ¡Que no haya separación entre el pueblo de Dios y Sus sacerdotes en la iglesia hoy! En la iglesia, quienes constituyen el pueblo de Dios son Sus sacerdotes. Todos somos sacerdotes de Dios. La cantidad de sacerdotes debe equivaler a la cantidad de hermanos y hermanas. Cada persona debe acercarse a Dios para ofrecer sacrificios espirituales y sacrificios de alabanza. Todos debemos participar en este servicio espiritual. Este no es un ministerio selectivo. Todos debemos acudir a Dios para servirle. Si una iglesia carece de acceso directo a Dios no es la iglesia.

Tengamos presente que no hay iglesia si el sacerdocio no es universal. La nación de Israel fracasó, pero la iglesia no debe caer en lo mismo. Durante los pasados dos mil años, el sacerdocio que incluye a todo el pueblo de Dios nunca ha sido recobrado. Los dos mil años de la historia de la iglesia frecuentemente nos muestran una separación entre el pueblo y los ministros que ejercen el sacerdocio. Repetidas veces una clase intermediaria se ha interpuesto entre Dios y Su pueblo. Esta es la obra y la enseñanza de los nicolaítas.

B. No se permite la existencia de una clase mediadora

Ya no debemos tolerar la clase mediadora ni aceptar la jerarquía. No podemos permitir que los sacerdotes se interpongan entre Dios y Sus hijos; no podemos aceptar una clase que tenga que mediar. Necesitamos ver que la iglesia es el lugar donde todo hijo de Dios es un sacerdote. No podemos permitir que una persona o varias monopolicen el servicio espiritual. Dios no habla solamente a unos cuantos, a quienes los demás se acercan para que les solucione los problemas espirituales. La clase mediadora no tiene lugar en la iglesia.

La diferencia que existe entre nosotros y las denominaciones no yace en formalismos externos, sino en el contenido interno. Existe una jerarquía en las denominaciones. Un grupo de personas sirve a Dios, y los demás simplemente ocupan las bancas. Los que constituyen el clero son profesionales en el servicio de Dios, mientras que los demás miembros de la congregación, aunque también nacieron de Dios, se acercan a El por medio de aquellos. La práctica de esta jerarquía es tolerada por muchas organizaciones cristianas hoy. Pero nosotros no podemos permitir la existencia de una clase mediadora; no podemos hacer a un lado la gracia dada a la iglesia en el Nuevo Testamento. No podemos desecharla como lo hicieron los israelitas.

C. La clase mediadora se anula cuando todos sirven

Debemos abolir la clase mediadora. Para hacerlo, tenemos que convertirnos en parte de ella. Cuando todos nosotros llegamos a ser la clase que se acerca a Dios, la jerarquía desaparece. ¿Cómo podemos hacer de tres grupos dos grupos?

¿Cómo podemos convertir el tráfico que circula en tres direcciones en un tráfico de doble sentido? ¿Cómo pueden estos tres —Dios, los sacerdotes y el pueblo— ser sólo dos entidades? Sólo postrándose ante el Señor y diciendo: "Señor, estoy dispuesto a servirte; deseo ser un sacerdote". Cuando todos los hijos de Dios lleguen a ser Sus sacerdotes, estas tres partes se reducirán a dos.

El sistema jerárquico procede del mundo, de la carne, de la adoración de ídolos y del amor al mundo. Si todos los hermanos desde el principio se niegan al mundo y rechazan la idolatría, se entregarán a Dios y dirán: "De este día en adelante, viviré en la tierra con el único propósito de servir a Dios". Entonces la jerarquía desaparecerá espontáneamente. Si todos los hermanos se dan cuenta de que la única ocupación que tienen es servir a Dios, y si todos sirven a Dios en coordinación, la clase mediadora desaparecerá.

D. Como cristianos tenemos que ejercer el sacerdocio

Espero que ustedes no permitan que surja ninguna clase mediadora. Defienda esto desde el mismo principio. Sólo entre los que han caído o han vuelto atrás, y entre aquellos que andan según sus propios caminos, puede ser necesaria una clase intermediaria. Es normal que entre los derrotados unos sirvan al Señor y otros no. Aquellos que no sirven al señor se dedican a sus propios asuntos, mientras que los que sirven al Señor se entregan a los asuntos espirituales. Quienes no se dedican a servir al Señor, cuando menos ofrendan dinero para sostener a quienes sí lo hacen. Quizá sean empresarios, profesores o doctores; el caso es que todos están dedicados a sus propios asuntos y se rigen por sus propios criterios. Da la impresión de que no tuvieran nada que ver con el servicio de Dios. En un caso como éste, ¿qué necesita una persona para ser considerada un buen creyente? Solamente necesita apartar un poco de su tiempo cada semana para asistir al servicio de adoración, y si tiene dinero, lo único que se le exige es que ofrende una fracción del mismo. Sin embargo, esto crea una diferencia bastante marcada entre el pueblo de Dios y Sus sacerdotes. Hoy tenemos que comprender que, o no somos cristianos en absoluto, o nos consagramos por entero al Señor. Si somos cristianos, tenemos que ser sacerdotes para Dios.

VII. LA RESTAURACION DEL SACERDOCIO

A. Las primeras iglesias no tenían problemas

El peligro que se cierne sobre la nación de Israel es el mismo problema que la iglesia ha confrontado durante dos mil años. Desde la partida del Señor hasta poco después de que se escribiera el libro de Apocalipsis, todos los hijos de Dios eran sacerdotes. Todo el que se consideraba hijo de Dios era sacerdote de Dios. No hubo ningún problema en este aspecto desde el siglo primero hasta el tercero. Surgieron problemas aislados en diferentes lugares, donde algunos hijos de Dios se rehusaban a ser sacerdotes, pero en general todo iba bien. Cuando alguien llegaba a ser hijo de Dios, venía a ser sacerdote de Dios.

B. La naturaleza de la iglesia cambió cuando el Imperio Romano acogió el cristianismo

Cuando el Imperio Romano recibió en su seno al cristianismo, mucha gente se infiltró en la iglesia. Cuando alguien creía en el Señor, recibía ciertas garantías materiales, pues se convertía en correligionario y hermano del César, el emperador. El Señor había dicho claramente: "Devolved, pues, a César lo que es de César, y a Dios lo que es de Dios" (Mt. 22:21). Ahora se le daba a Dios tanto lo que era de César como lo que era de Dios. Esto en verdad era una gran victoria para el cristianismo, pues Constantino se convirtió a Cristo. El resultado fue un cambio gradual pero significativo para la iglesia. Los creyentes ya no eran como aquellos que profesaban su fe al comienzo. Durante los diez períodos de persecución que sufrieron los cristianos en el Imperio Romano, decenas de millares de creyentes fueron inmolados como mártires. No era fácil ser reconocido como cristiano, pero esto cambió totalmente, y se volvió acomodaticio llamarse creyente y compartir la misma fe del emperador y llamarlo hermano. Cuando se produjo este cambio, muchos decidieron hacerse cristianos. Como resultado, la cantidad de personas que se autodenominaban cristianas aumentó, mas no sucedió lo mismo con el número de sacerdotes. Es fácil infiltrarse furtivamente en el rebaño cristiano, pero es absolutamente imposible hacerlo en el servicio de Dios.

C. La separación entre espirituales y mundanos

La iglesia fue testigo de un cambio radical en el siglo cuarto. Durante ese período, muchos de los que se unieron a la iglesia eran o incrédulos, o creyentes no genuinos. Se decían creyentes, pero tenían posiciones en el mundo. No tenían interés en servir al Señor en la iglesia. Es posible que hayan sido salvos, pero no estaban dispuestos a servir al Señor. Espontáneamente algunas personas espirituales se encargaron de los asuntos de la iglesia. Así que los demás les decían: "Ustedes hagan esas tareas y sirvan al Señor, y nosotros seremos los seglares". La palabra *seglar* [del siglo] surgió en el siglo cuarto. Algunos atenderían los asuntos terrenales, y los demás se encargarían de la obra espiritual. Como resultado muchos servían a Dios, pero la mayoría dejó de hacerlo.

En los días de los apóstoles, en el siglo primero, todos los creyentes servían al Señor. Del siglo cuarto en adelante, se empezó a decir: "Nosotros solamente somos el pueblo de Dios. Atenderemos nuestros propios asuntos en el mundo y mantendremos nuestros cargos dentro de la sociedad. De vez en cuando, daremos algo de dinero, y así seremos contados como creyentes. Dejaremos, entonces, que los espirituales atiendan las cosas espirituales por nosotros". Desde ese momento, la iglesia siguió los pasos de la nación de Israel: adoró el becerro de oro y creó una clase mediadora. El sacerdocio ya no correspondía a todo el pueblo de Dios. Muchos seguían siendo el pueblo de Dios, pero no Sus sacerdotes.

En la actualidad, a los clérigos de la Iglesia Católica Romana se les llama sacerdotes o, informalmente, padres. Algunas iglesias nacionales siguieron el ejemplo de la Iglesia Católica Romana y asignaron a sus dirigentes el título de sacerdotes. Aquellos que se dedican a los asuntos terrenales son el pueblo, mientras que los que administran las cosas espirituales son llamados sacerdotes. La iglesia se ha dividido en sacerdotes y laicos.

D. El Señor hace una obra de restauración

Quisiera que todos comprendiéramos que en estos últimos días Dios está haciendo una obra de restauración; ha tomado la ruta de recobrar lo perdido. Yo creo que Dios está guiando a todos Sus hijos a tomar esta posición en esta última era. He aquí un segmento de la visión de la iglesia que necesita ser recobrada: el sacerdocio universal de los hijos de Dios. Si una persona pertenece al pueblo de Dios, debe ejercer el sacerdocio. En la actualidad existe el sacerdocio, y también estará presente en el reino venidero. Dios quiere obtener Sus sacerdotes. El desea que todo Su pueblo ejerza el sacerdocio.

VIII. EL SERVICIO DE LOS SACERDOTES

Tan pronto como usted cree en el Señor, se convierte en sacerdote. Si ha de ser cristiano, tiene que ser sacerdote. No espere que alguien lo sea por usted. Usted tiene que ejercer su sacerdocio. No debe existir entre nosotros una clase mediadora. Nadie se hará cargo de los asuntos espirituales por nosotros. Nadie puede hacer la obra por nosotros. Entre nosotros no debe haber otra clase exclusiva llamados obreros cristianos.

A. Toda la iglesia debe ejercer el servicio

Si Dios tiene misericordia de nosotros, todos los hermanos y hermanas espontáneamente trabajaremos en la predicación del evangelio y en el servicio al Señor. Cuanto más universal sea el sacerdocio, más visible será la iglesia. Cuando el sacerdocio cesa de ser universal, fracasamos, y nuestra senda se corrompe.

B. Dios nos honra al permitirnos servirle

Somos pobres, ciegos e inválidos. En el Antiguo Testamento tales personas no podían ser sacerdotes. Las personas incapacitadas, cojas o que tuvieran defectos no podían ser sacerdotes. Es un honor que el Señor acepte en el sacerdocio personas como nosotros. Hoy muchas personas viles, sucias, ciegas e incapacitadas han sido llamadas por Dios al sacerdocio. El es el Señor. Ya dijimos que debemos entregarnos con gozo al servicio del Señor y, aun si fuera necesario, arrastrarnos a Sus pies y rogarle que nos permita servirle. Debemos regocijarnos por poder doblar nuestras rodillas para rogar este honor. Yo estoy contento de humillarme y suplicar de rodillas ante el Señor: "Señor, quiero servirte. Me ofrezco con alegría para Tu servicio. Tú me honras al permitirme acudir a Ti". Ser un sacerdote equivale a acercarse a Dios. Si somos sacerdotes no hay distancia entre nosotros y Dios, podemos entrar directamente sin esperar que nadie nos conceda el permiso de hacerlo, y podemos tocar a Dios por nosotros mismos.

C. El reino de Dios se hace realidad cuando todos sirven

Si un día todos los hermanos y hermanas de todas las iglesias se dedican a ejercer su servicio, el reino de Dios estará entre nosotros. Este será un reino de sacerdotes. Todos los miembros del pueblo serán sacerdotes. ¡Esto es glorioso! Anhelo el día cuando se quiten todos los ídolos de entre nosotros. Debemos pagar el precio necesario ante el Señor para lograrlo. Los levitas pagaron el precio; ellos fueron fieles en dejar de lado sus afectos personales. Solamente tales personas pueden participar en el sacerdocio.

D. La base del sacerdocio: ser aceptos a Dios

Para poder entender completamente el sacerdocio, necesitamos entender cómo consideraba Dios el sacerdocio en el Antiguo Testamento. Es muy significativo que Dios permita que una persona se le acerque y no muera. Solamente los sacerdotes podían comer el pan de la proposición, servir en el altar, entrar en el lugar santo y ofrecer sacrificios. Cuando aquellos que no eran sacerdotes entraban en el lugar santo morían. El sacerdocio se basa en la aceptación de Dios. Puesto que Dios nos aceptó, ¿no deberíamos participar? Anteriormente, cualquiera que se atreviera a entrar podía morir. Pero hoy día Dios dice: "¡Puedes acercarte a Mí!" Que necedad sería rehusarnos a allegarnos a El.

E. La misericordia de Dios nos hace aptos para servir en la gracia

Necesitamos que el Señor abra nuestros ojos para que veamos que la mayor gracia consiste en que se nos conceda el privilegio de servirle. Aquellos que verdaderamente conocen la voluntad de Dios dicen: "La gracia que me permite servir a Dios es mayor que la gracia que me condujo a la salvación". El perro que está debajo de la mesa de los dueños puede comer las migajas, pero jamás podría servir a la mesa. Ser salvo por gracia es relativamente simple, pero no todos pueden servir por gracia. En la iglesia todo el que es salvo por gracia también puede servir. Es una insensatez no considerar esto como una gracia espléndida.

F. El rechazo de una clase mediadora

En el mundo cristiano de hoy se reconoce la presencia de una clase mediadora. Inclusive, los creyentes se dividen en dos clases: los sacerdotes y el pueblo. Anhelamos ver el día cuando no haya jerarquía entre nosotros. Es posible que una o dos personas en la iglesia caigan, pero el principio sigue siendo válido. En el cristianismo de hoy los principios se debilitan. En general, el cristianismo de hoy ha caído y ha seguido el camino de los israelitas: se ha creado una diferencia entre el pueblo y los sacerdotes. ¡Dios no libre de caer en tal sistema!